Chicago
lieben lernen

*Der perfekte Reiseführer für einen unvergessli-
chen Aufenthalt in Chicago inkl. Insider-Tipps,
Tipps zum Geldsparen und Packliste*

Lesley Knabe

✈ INHALT

Das erwartet Sie in diesem Buch

Chicago haben viele als Reiseziel, aber ist es die Reise auch wert und was kann man von der Stadt erwarten? Das sind womöglich die zwei ersten Fragen, die man sich stellt, wenn man vor hat, einen Urlaub in einer fremden Stadt zu buchen. Hier erfahren Sie, wie die Stadt sich geschichtlich entwickelt hat und wodurch sie geprägt wurde. Des Weiteren können Sie hier etwas über die Einwohner Chicagos und das Leben in der Stadt erfahren. Viele wichtige Aspekte wie Hotels, Restaurants und die wichtigsten Sehenswürdigkeiten werden in diesem Reiseführer aufgegriffen und Ihnen ans Herz gelegt. Sie können sich auf den einen oder anderen Geheimtipp freuen und werden später alles Wissenswerte über die Stadt erfahren haben. Jegliche Dinge von A wie Automobilindustrie bis Z wie zeitlose Architektur werden Ihnen im Zusammenhang mit Chicago keine Fremdbegriffe mehr sein. Chicago ist eine bedeutende Stadt mit vielen Facetten – seien Sie gespannt!

Was macht Chicago so besonders?

Großartige Architektur, Großstadtflair, beeindruckende Skyline: Das zeichnet das heutige Chicago aus. Wie einst Schriftsteller Nelson Algren seine Heimatstadt beschrieb: „Chicago zu lieben ist, wie eine Frau mit gebrochener Nase zu lieben. Es gibt sicherlich hübschere, aber bei keiner fühlt sich die Liebe so echt an."

Mit fast 3 Millionen Einwohnern ist Chicago die

drittgrößte Stadt der Vereinigten Staaten. Es liegt direkt am Lake Michigan im Bundesstaat Illinois. Die Stadt wurde 1833 gegründet und gehört dank ihrer Lage zu einer der wichtigsten Handelsstädte der USA. Sie ist ein internationales Zentrum für Finanzen, Handel, Industrie, Transport und Technologie. Seinen Namen verdankt Chicago der früheren Beschreibung der Potawami Indianer. Schon seit der Gründung der Stadt wird die Stadt durch zahlreiche kulturelle Einflüsse geprägt, die sich in allen Lebensbereichen widerspiegeln – sei es die Küche, die Architektur, die Musik oder die Kunst.

Doch was erwartet einen in Chicago und was macht eine Reise in diese Stadt so besonders? Natürlich sind die Wolkenkratzer das größte Highlight der Stadt, jedoch hat sie noch viel mehr zu bieten als das. Unter anderem gibt es dort Weltklasse-Museen wie *The Field Museum*, *Museum of Science and Industry* wie auch das *Chicago History Museum*. Für Kunstliebhaber lassen sich hier für jedes Genre verschiedenste Galerien wie auch Bauwerke innerhalb der Stadt bewundern. Auch an Musik interessierte Reisende werden fündig hier. Mit einer langen Musikgeschichte ist die Stadt berühmt für ihre

Jazzszene. Mit dem jährlich stattfindenden Jazz Festival und Chicago Blues Festival und vielen Bars und Clubs ist Chicago ein wahrer Ohrenschmaus für Musikliebhaber. Ob Sie nun ein Feinschmecker oder ein eher wählerischer Esser sind, in Chicago ist für jeden etwas dabei. Dank der vielen ethnischen Einflüsse gibt es auch ein vielfältiges Angebot an unterschiedlichsten Küchen – asiatisch, griechisch, südamerikanisch oder auch amerikanisch, Sie werden in dieser Stadt wahrhaftig verwöhnt. Zu den berühmten Gerichten Chicagos zählen die Deep Dish Pizza, die Italian-Beef-Sandwiches, die Chicago-Style-Hot-Dogs und Popcorn mit Karamell- und Käse-Überzug. Chicago gilt nicht umsonst als eine der besten Städte zum Essen.

CHICAGOS GESCHICHTE

Chicago existiert offiziell seit dem 12. August 1833. Die damalige Bevölkerung bestand aus verschiedenen Indianerstämmen und weißen Siedlern, welche die Stadt als Handelsposten nutzten. Der Ausbau zum Handelspunkt gelang durch die Anbindungen an den riesigen See *Lake Michigan* und an den Fluss

Chicago River. Doch auch die Fertigstellung des Illinois-Kanals und der Bau der ersten Lokomotive verhalfen der Stadt zum wirtschaftlichen Ruhm. Die Seen boten ideale Möglichkeiten für den Import und Export und Chicago wurde als „das Tor zum Westen" bezeichnet. Das alles führte zu einem rasanten Anstieg der Bevölkerung, die sich zu diesem Zeitpunkt verdreifachte.

Im Jahre 1850 hatte Chicago schon rund 30.000 Einwohner und die Wirtschaft florierte. Chicago zog nicht nur irische Katholiken, sondern auch viele weitere Europäer wie Deutsche, Engländer, Schweden, Dänen und Norweger an. Die Stadt wurde immer größer, die Infrastruktur immer besser und die Handelsrouten immer wichtiger. Nur 20 Jahre später gehörte Chicago zu der zweitgrößten Stadt in Amerika und zu einer der größten der Welt, die Bevölkerung stieg auf rund 90.000 Einwohner an. 1871 geschah das, was Chicago die Möglichkeit gab, das zu werden, was es heute ist: die Geburtsstätte der Wolkenkratzer. Aufgrund eines Feuerausbruchs, das sogenannte *Great Fire*, brannte die Hälfte der Stadt ab. Um die 300 Menschen kamen ums Leben und über 90.000 Bewohner verloren ihre Häuser. Durch das

Abbrennen wurde aber die Möglichkeit geschafft, die Stadt hochwertig architektonisch neu aufzubauen. Aus ganz Amerika kamen Architekten und Designer und halfen beim Wiederaufbau der Stadt.

Dieses Ereignis war sehr einzigartig, denn es entstand der erste Stadtplan, der je für eine Stadt entwickelt wurde. Teil dieses Stadtplans war auch die heute unverkennbare Struktur der Stadt: das unbebaute Ufer, stadtweite Parkanlagen und die Erhaltung grüner Flächen um die Stadt herum. 1884 hatte der erste Wolkenkratzer seine Geburtsstunde. Auch wenn dieser nicht mehr steht, stehen in Chicago immer noch drei der höchsten Gebäude der Welt. 1893 war Chicago Gastgeber der *World's Columbia Exposition*. Die Ausstellung wurde auf dem Gebiet des heutigen *Jackson Park* gehalten, welches damals von dem Landschaftsarchitekten Frederik Law Olmsted designt wurde.

Die Ausstellung zog über 27 Millionen Besucher an und gilt als das wichtigste Ereignis für die Prägung der Kultur und Architektur des Landes. Zu jener Zeit wurde die Stadt durch Immigration geprägt, vor allem durch Immigranten aus Italien, Griechenland, Litauen, Polen, Tschechien, aus der Ukraine, aus Ungarn und aus der Slowakei. Die Anzahl der Einwanderer und die damit verbundenen Probleme stiegen so rasant, dass im Jahre 1924 ein Gesetz erlassen wurde, welches Einwanderung aus Asien und Osteuropa einschränkte.

In den 20er Jahren kamen immer mehr Konstruktionen wie der *Merchandise Mart* und der *art deco Chicago Board of Trade* hinzu. Aufgrund des Börsencrashs im Jahr 1929, der großen Depression und des 2. Weltkriegs stoppte der Bau weiterer imposanter Gebäude. In den 40ern traf eine Welle von südamerikanischen Einwanderern in der Stadt ein. Die meisten kamen aus Puerto Rico, Mexiko wie auch aus Kuba. Nachdem das Gesetz gegen Einwanderung entschärft wurde, kamen in den 60er Jahren auch wieder Einwanderer aus dem asiatischen Bereich. Größtenteils handelte es sich dabei um Chinesen und Inder. Chicago ist somit eine Stadt, die schon immer Menschen unterschiedlichster Abstammung angezogen hat und durch die vielfältigen Wurzeln geprägt wurde und noch heute geprägt wird.

Man muss also nicht zwingend an Architektur interessiert sein, um einen Besuch nach Chicago genießen zu können. Die Vielfalt und Offenheit Neuem gegenüber machen die Stadt aus und für jedermann attraktiv.

DIE BEWOHNER CHICAGOS

Chicago beheimatet rund 2,716 Millionen Einwohner, wovon fast die Hälfte weiß ist. Über 32 % sind farbig, 5,5 % sind asiatischer Abstammung und weniger als ein Prozent der Bevölkerung machen die Einheimischen aus. Der Großteil der Weißen wohnt im nördlichen Teil Chicagos und die farbige Bevölkerung im südlichen Stadtteil. Eine der für Touristen interessantesten Fragen ist: Wie sind die Menschen aus Chicago? Das lässt sich nicht so einfach zusammenfassen. Es kursieren so manche Stereotypen über die Bewohner der Stadt, wie zum Beispiel, dass sie sich für keine Kultur interessieren, sondern sich nur auf den Sport und auf das Essen konzentrieren. Ehrlich gesagt sind dies tatsächlich zwei Faktoren, welche die Menschen dort mit Leib und Seele lieben, jedoch schätzen sie auch weitere kulturelle Einrichtungen.

Chicago behaust nicht nur viele berühmte Theater und Museen, sondern spielt auch eine wichtige

Rolle in der Musikszene. Die Stadt gilt als das Zentrum der Jazzmusik. In Bars und Clubs können Touristen sich der neuen Szene hingeben und die etwas andere Seite Chicagos kennenlernen.

Wiederum ist der Sport ein wirklich großer Bestandteil Chicagos. Die Menschen dort lieben ihren Sport und ihre Clubs. Jeder kümmert sich leidenschaftlich um sein Team. Ein weiteres Vorurteil ist die steigende Kriminalität innerhalb der Stadt. Chicago wird oft als die Stadt der Gangster abgestempelt. Nur eine Reise in die Stadt kann Sie von dem Gegenteil überzeugen. Die Menschen dort werden als die offensten und freundlichsten der Welt bezeichnet. Einen Fremden nach dem Weg zu fragen, wird in dieser Stadt zum Kinderspiel. Mit echter Freundlichkeit verhelfen sie Ihnen, Ihren Aufenthalt angenehmer zu gestalten. Mit der Offenheit Touristen gegenüber fühlt man sich hier wie Zuhause.

WAS MUSS MAN GESEHEN UND ERLEBT HABEN?

Chicago ist die Stadt der Sinne. Sie hat einiges zu bieten und das für jedermann. Für Kultur-, Kunst-, Architektur- oder Musikinteressierte ist alles dabei. Die Großstadt hat aber auch für Reisende, die eine Mischung aus Stadtleben und Strandruhe haben wollen, ein großes Angebot. Es lassen sich erstklassige Restaurants, imposante Bauten, beeindruckende und informative Museen, wunderschöne Galerien, angesagte Bars und Jazzclubs, lange Einkaufsstraßen wie auch atemberaubende Strandpromenaden finden, die eine Reise einzigartig machen.

Ein Muss für jeden, der Chicago besucht, ist es, sich die Stadt von oben anzuschauen. Eines der möglichen Aussichtsorte ist das *Skydeck Chicago*. Es befindet sich im 108. Stock im *Willis Tower*, ehemals *Sears Tower*, und bietet einen 80 kilometerweiten Blick über Chicago, der an klaren Tagen bis hinüber zu den Nachbarstaaten Indiana, Michigan, Iowa und Wisconsin reicht. Der Tower ist der zweitgrößte in den Vereinigten Staaten und der zehnthöchste der Welt. Von hier aus haben Sie einen unglaublichen Blick über Chicago und den Lake Michigan. Aber nicht nur eine der schönsten Skylines können Sie in über 400 Metern Höhe entdecken, sondern auf dem Weg dorthin können Sie ebenso hochwertige Ausstellungsstücke bewundern und mehr von Chicagos Kultur und Geschichte erfahren.

Ein Highlight ist der Glasbalkon, auch *The Ledge* genannt, von dem aus Sie Chicago unter Ihren Füßen bestaunen können. Überwinden Sie Ihre Höhenangst und trauen Sie sich auf die Glasplatte! Der Ticketpreis für Erwachsene beläuft sich auf 11 Dollar und für Kinder und Jugendliche liegt er bei 14 Dollar. Eine weitere Aussichtsplattform ist das *360° Chicago*. Hier sind Ihnen unglaubliche Panorama-Ausblicke auf Chicago garantiert. Hier können Sie den schnellsten Aufzug der Welt erleben, der in nur 39 Sekunden im 94. Stock ist. Oben angekommen, sieht man überall um sich herum Wolkenkratzer.

Ein Ticket für die Aussichtsplattform kostet für Erwachsene 23 Dollar und für Kinder 15 Dollar. Doch hier gilt: Kommen Sie so früh Sie können, wenn Sie eine lange Warteschlange vermeiden möchten. Ein Tipp von mir: Besorgen Sie sich den Citypass, mit dem Sie hier und an vielen anderen Sehenswürdigkeiten in Chicago die Fast Lane nutzen können und nicht warten müssen. Mehr Informationen erhalten Sie später bei dem Thema *Insidertipps*. Der Sonnenuntergang lässt sich von dort oben wunderbar genießen und bildet einen schönen Übergang in das Nachtleben Chicagos.

Aber keine Sorge, wenn Sie ein Problem mit solchen Höhen haben, ist das auch kein Problem, denn auch auf einer Bootstour auf dem *Michigan Lake* lässt sich die Stadt hervorragend bewundern. Wer eine Tour mit dem Boot plant, sollte die *Chicago's First Lady Cruises* buchen. Die Fahrt kostet 44,45 Dollar am Tag und ab 19:30 Uhr 49,21 Dollar für die sogenannte *Twilight Tour*. Die Tickets können Sie sich vor Ort an der *Michigan Avenue and Wacker Drive* kaufen. Die Kioske lassen sich mit ihren blauen Markisen einfach finden. Die Tour dauert um die 90 Minuten und lässt einen zur Ruhe kommen.

Lehnen Sie sich zurück und fahren Sie wortwörtlich durch die Hochhäuser hindurch. Hierbei können Sie nicht nur die Skyline bewundern, sondern auch etwas über die Architektur der Stadt lernen. Sie werden Bauwerke aus der Moderne, Postmoderne, Gotik wie auch Art Deco kennenlernen. Falls Ihnen die Begriffe aus dem Architekturbereich

nicht gängig sind, seien Sie unbesorgt, bei der Bootsfahrt wird Ihnen alles nähergebracht. Die Highlights
auf der Fahrt sind das *Carbide and Carbon Building*
mit seiner goldenen Fassade aus Bronze und polier-
tem Granit. Das Gebäude hat 37 Stockwerke und ist
153 Meter hoch. Es wurde 1929 von den Burnham
Brüdern gebaut und gehört dem Art Deco an.

Damals war es der Sitz der Firma *Union Carbide
and Carbon Co.*, doch heute befindet sich das *St. Jane
Chicago Hotel* in diesem Gebäude. Auch bestaunen
können Sie das *Civic Opera Building.* Das 1929 erbaute Bauwerk hat 45 Stockwerke und ist ebenfalls
im Stil des Art Deco eingerichtet. Im Inneren gibt es
das *Civic Opera House* mit 3563 Sitzen. Es ist somit
die zweitgrößte Oper Nordamerikas. Das Gebäude
ist wie ein Stuhl designt worden, der auch nach dem
Architekten Samuel Insull als *Insull's Throne* (dt. In-
sulls Thron) bezeichnet wird.

Ein weiteres bemerkenswertes Bauwerk sind
die floralen, spiralförmigen Türme der *Marina City.*
Die 179,2 Meter hohen Zwillingstürme werden aufgrund ihrer Form auch *Corn Cobes* (dt. Maiskolben)
genannt. Die 1969 erbauten Türme von Bertrand
Goldberg beherbergen ein spiralförmiges Parkhaus

in den unteren 19 Stockwerken. In den restlichen Stockwerken befinden sich 900 Wohnungen. Da Chicago nicht nur von oben ein Erlebnis ist, sondern auch von unten, sollten Sie diese einzigartige Bootsfahrt nicht verpassen.

Eine der Hauptattraktionen Chicagos ist das *Navy Pier*. Dort können Sie sich auf über 20.000 Quadratmetern eine leckere Mahlzeit gönnen, den botanischen Garten bestaunen oder auch die vielen Fahrgeschäfte nutzen. Der Fest- und Vergnügungsplatz ist besonders für Familien geeignet, bietet aber auch für Erwachsene eine Möglichkeit, sich in die Kindheit zurückzuversetzen. Von der Brücke aus werden Sie einen überwältigenden Blick auf die Skyline von Chicago haben, den Sie sich nicht entgehen lassen sollten.

Der *Millenium Park* bildet einen weiteren Ort, der nicht nur architektonisch beeindruckt, sondern der zudem auf 99.000 Quadratmetern auch die Gelegenheit bietet, sich mit dem Kunst- und Theaterleben der Stadt auseinanderzusetzen. Das berühmteste Bauwerk ist das *Cloud Gate*, von den Bewohnern Chicagos *The Bean* genannt. Die von Sir Anish Kapoor designte Skulptur wurde nach der

Fertigstellung im Jahre 2006 zum Wahrzeichen der Stadt. Es ist ein beliebter Ort unter Touristen, um Fotos in der sich spiegelnden Oberfläche zu machen. Direkt um die Ecke befindet sich das *Jay Pritzker Pavillon*, ein Open Air Gelände und weitere Parks, in denen den ganzen Sommer durch Events und Konzerte gegeben werden. Ein besonderes Highlight sind die Jazzfestivals wie auch die Yogaevents, an denen man umsonst teilnehmen kann.

Ein weiteres Muss für jeden, der an der modernen Architektur interessiert ist, sind die Bauwerke Frank Llyod Wrights. Unter anderem gibt es da das Frank Lloyd Wright House & Studio, Unity Temple, welches 1908 erbaut wurde und als sein erstes Bauwerk aus Beton gilt. Zusätzlich interessant anzuschauen sind das *Fricke House*, *Heurtly House*, *Martin House* und das *Cheney House*.

Für mit der Familie Reisende ist das Shedd Aquarium ein unglaubliches Erlebnis. Das Aquarium ist mit über 6000 verschiedenen Wassertieren eines der größten weltweit. Hier können Sie in die Unterwasserwelt eintauchen und das künstliche Korallenriff, Haie, Meeresschildkröten und andere Bewohner der karibischen See bewundern. Die Ticketpreise liegen für Erwachsene bei 39,95 Dollar und für Kinder bei 29,95 Dollar.

Kommen wir nun zu den Einrichtungen, von denen es in Chicago nur so wimmelt: Museen. Und das bedeutendste ist das *Field Museum of Natural History,* welches zu den besten Museen der Welt gehört. Das auf fünf Ebenen aufgeteilte Museum ist für Groß und Klein ein Erlebnis und beeindruckt im Inneren mit dem größten und besterhaltenen Skelett eines Tyrannosaurus Rex. Das Museum beinhaltet mehrere Ausstellungen, die nach Ländern und Tiergattungen gegliedert sind. Es beherbergt mehr als 22 Millionen konservierte Organismen. Die wichtigsten Abteilungen wie Völkerkunde, Geologie, Botanik, Zoologie, Büro für Umwelt- und Naturschutz und Büro für Kulturaustausch sind hier vertreten.

Das Besondere ist: Es gibt interaktive Stationen, an denen man die Ausstellungsstücke anfassen darf. Stellen Sie sich jetzt schon darauf ein, dass Sie an einem Tag nicht die ganze Ausstellung besuchen können, es gibt viel zu entdecken auf den 85.000 Quadratmetern. Schrecken Sie jedoch nicht vor der Vielfalt zurück und lassen Sie sich von Dinosauriern, antiken Artefakten und bahnbrechender Wissenschaft beeindrucken. Ein Ticket wird Sie 38 Dollar kosten, für Kinder liegt der Preis bei 27 Dollar.

Das 1893 erbaute Museum für Naturwissenschaften und Technikgeschichte, das *Museum of Science and Industry*, wurde für die *World's Columbian Exposition* erbaut. Das Gebäude ist das einzige, was von der damaligen Weltausstellung erhalten geblieben ist. Rosenwalds Vorstellungen entsprechend wurden viele Ausstellungen interaktiv gestaltet. Zum Beispiel können Sie durch ein Modell des menschlichen Herzens laufen, eine nachgebaute Kohlenmine besichtigen und in der *Hall of Communications* die Geschichte des Telefons erfahren. Zusätzlich werden Sie in der Ausstellung das von den USA erbeutete U-Boot U 505 der Deutschen aus dem Zweiten Weltkrieg bestaunen können. Nicht unerwähnt sollte man die erste Lokomotive NYC Nr. 999 lassen und die Kommandokapsel der Apollo 8-Mission lassen. Lassen Sie sich von den Geschichten der Ideen, welche die Welt verändert haben, faszinieren. Die Preise für die Tickets liegen bei 19,95 Dollar für Erwachsene und 12,95 Dollar für Kinder.

Ein weiteres sehenswertes Museum ist das *Chicago History Museum*. Viele der alten

Ausstellungsinhalte wurden bei dem *Great Fire* im Jahr 1871 zerstört. Doch wie die Stadt selbst, erhob sich das Museum aus den Ruinen.

Das Museum vertritt nicht nur Chicagos Geschichte, sondern auch jene Amerikas mit über 22 Millionen Ausstellungsstücken. Chicagos Geschichte und Entwicklung sowie die amerikanischen Konflikte über Freiheit von 1850 bis 1970 werden hier herausragend dargestellt. Das Museum beinhaltet somit die wichtigste Sammlung an Material der lokalen Geschichte. Die integrierte Bibliothek ist für jeden offen zugänglich. Der Eintritt wird Sie 19 Dollar kosten und Kinder können sich die Ausstellung umsonst ansehen.

Gehen wir nun hinüber zu dem großen Thema Kunst. In Chicago gibt es zwei große und bedeutende Museen: zum einen das *Art Instiute of Chicago* und das *Museum of Contemporary Art*. Ersteres hat die umfangreichste Kunstsammlung der Welt und gehört entsprechend auch zu den besten Museen der Welt. Das Museum umfasst alle Bereiche von der Antike bis zur Gegenwart – Gemälde, Skulpturen, Grafiken, Fotografien sowie Objekte der angewandten Kunst und ethnografische Exponate aus Asien,

Amerika und Afrika. Der größte Schatz und die damit hervorragendste Ausstellung ist die der französischen Impressionisten und Postimpressionisten.

Hier sind unter anderem Werke von Monet, Cézanne, Gauguin, Renoir, Seurat, Degas und Van Gogh vertreten. Auch Meisterwerke wie Edward Hoppers Nighthawks, Grant Woods American Gothic und Chagall werden hier aufbewahrt. Dank der großen Vielfalt ist für jeden etwas dabei und der geräumigen Aufteilung sei es zu verdanken, dass man hier schnell die Zeit vergessen kann. Ich empfehle Ihnen, sich mindestens drei Stunden Zeit für dieses einzigartige Museum zu nehmen. Der Eintritt für Erwachsene liegt bei 25 Dollar.

Das zweitwichtigste Kunstmuseum ist das *Museum of Contemporary Art*. Es weist eine imposante Kollektion zeitgenössischer Kunst auf. Schon allein das Bauwerk an sich, welches 1996 von dem deutschen Architekten Josef Paul Kleihues gebaut wurde, ist sehenswert. Im Inneren lassen sich die wunderbaren Werke von Francis Bacon, Joseph Beuys, Andy Warhol, Alexander Calder, Chris Burden, Richard Prince, Cindy Sherman und weiteren entdecken. Der Ticketpreis liegt für Erwachsene bei 15 Dollar. An moderner Kunst interessierte Reisende sollten dem speziellen Museum eine Chance geben und sich vielleicht auch überraschen lassen.

Das größte Thema innerhalb der Bevölkerung Chicagos, für das eine große Leidenschaft besteht, ist der Sport. Um dem Geist des Sports in dieser Stadt näher zu kommen, empfehle ich Ihnen, dem *Wrigley Field* einen Besuch zu erstatten. Im Sommer sind die Baseballspiele ein absolutes Highlight. Authentischer und näher können Sie der amerikanischen Kultur nicht kommen. Hier können Sie bei einem Spiel mit der Nachmittagssonne und einem Hot Dog in der Hand die Anwohner beim Anfeuern ihres Teams verfolgen. Auch wenn wir Europäer diesen Sport nicht allzu gut verstehen, wird es trotzdem zu einem Erlebnis, denn wo sonst als in dem zweitältesten Baseballstadion des Landes könnte man besser von der Freude, die Baseball bringt, angesteckt werden.

Die Tickets vorab zu bestellen, ist selten nötig, man kauft Sie kurz vor Spielbeginn am Schalter. Um diesen einzigartigen Tag entspannt ausklingen zu lassen, empfehle ich Ihnen, sich im umliegenden *Wrigleyville*, einem der angesagtesten Viertel der

Stadt, eine schicke Bar oder ein Restaurant zu suchen.

Auf den Weg zur *Magnificent Mile* sollten sich nicht nur Liebhaber von Kleidung machen, denn die Einkaufsstraße ist ein Blick für jeden wert. Die von Bäumen gesäumte Einkaufsstraße lädt mit Shoppingcentern, Geschäften bekannter Marken, schicken Boutiquen und einem Disney Store zu sich ein. Hier findet jeder, was sein Herz begehrt.

Doch auch abseits der *Magnificent Mile* werden Ihnen in den benachbarten Stadtgebieten und Vororten zahlreiche Einkaufsmöglichkeiten geboten. Wenn Sie auf der Suche nach besonderen Teilen sind, kann ich Ihnen nur das *Felt* empfehlen. Dort kann man aufstrebende wie auch bereits erfolgreiche Designer aus London, Paris und Korea finden. In dem *Luxury Garage Sale*, welcher zuerst als Pop-Up-Shop angefangen hatte, ist jetzt eine angesagte Boutique, die neben Designerstücken auch luxuriöse Second-Hand-Kleider und Accessoires anbietet. Für diejenigen, die Kosmetik verfallen sind, ist der Besuch der *Merz Apothecary* ein Muss. In dem Warenhaus werden über 14.000 verschiedene Produkte von internationalen Marken angeboten.

Zum Stöbern lädt das Kaufhaus *Broadway Antique Market* ein. Mit über 70 Läden wird hier eine Vielfalt an Antiquitäten, Schmuck, Bekleidung, Accessoires, Dekorationen und vieles mehr angeboten.

Für alle, die sich in der Fashionszene richtig austoben wollen, gilt es, das *Fashion Outlets of Chicago* zu besuchen. Das Outlet-Center befindet sich nahe des *O'Hare Airport* und beeindruckt mit 130 Shops und einem großen Food Court.

Wer genug von der Stadt hat, kann sich an die Strände Chicagos zurückziehen. Die Strände sind zwar künstlich, aber nicht weniger schön als echte. An den Stränden am *Lake Michigan* können Sie sich entspannen und in Beachbars die Zeit und Ruhe genießen. Sehr empfehlenswert sind der zentrale *Ohio Street Beach* am *Olive Park*, der *Oak Street Beach* und der *North Avenue Beach* im Norden.

In unmittelbarer Nähe zum *North Avenue Beach* befindet sich der *Lincoln Parc*. Hier können Sie am Hafen und am Wasser entlang spazieren. Der Park beherbergt den *Lincoln Zoo*, der keinen Eintritt kostet.

Eine besondere Attraktion bietet die im *Grant Park* stehende *Buckingham Fountain*. Die Fontäne leuchtet in den wunderbarsten Blautönen von Mitte April bis Mitte Oktober und gehört mit 5,7 Millionen Litern Wasser zu den größten Brunnen der Welt.

Wenn Sie ein Musikliebhaber sind, sollten Sie einen Besuch in das *House of Blues* für einen Gospel Brunch einplanen. Hier vereinen sich gute Musik und leckeres Essen: eine herrliche Mischung und dazu noch eine weltberühmte Veranstaltung. Das *House of Blues* befindet sich in Downtown Chicago. Es wurde 1992 gegründet, um der Welt die Musik des amerikanischen Südens, spricht Blues, Jazz und Gospel, näher zu bringen. Die Performer werden Sie mit ihrer Energie anstecken und Sie auch des Öfteren zum Mitmachen animieren. Kommen Sie aus sich heraus und lassen Sie sich gehen. Genießen Sie den Abend und verklemmen Sie sich nicht.

Der Ort ist zum Spaßhaben da und wird Sie ganz bestimmt aus Ihrer Komfortzone herauslocken. Sehr zu empfehlen ist auch das *Kingston Mines*, einer der ältesten Bluesclubs Chicagos mit täglicher Livemusik. Hier können Sie sich auch einen Drink oder zwei gönnen und den Tag mit einem Südstaaten-Essen ausklingen lassen. Das wohl berühmteste Lokal ist das *Green Mill*. Hier hat damals schon Al Capone, der eine große Leidenschaft für den Jazz besaß, Besuche abgestattet. Der legendäre Club spielt bis 4 Uhr morgens Live-Musik und strotzt nur so vor Geschichte. Große Jazzmusiker hatten hier einst ihre Auftritte.

Damit Sie wissen, welcher Musiker zu der Zeit spielt, in der Sie sich in Chicago befinden, sollten Sie die offizielle Webseite besuchen. Dort werden Sie auch die Preise finden, welche je nach Künstler schwanken. Ein Tipp: Seien Sie schon früh dort, denn es werden keine Reservierungen entgegengenommen. Zwei weitere Lokale, die sich lohnen, sind das *Buddy Guy's Legends* und das *Blue Chicago*. Ersteres besteht schon seit über 50 Jahren und ist von lokalen, nationalen, aber auch von internationalen Musikern geprägt. Das zweite Lokal ist ein Club, in dem Sie sich bei guter Blues-Musik und einem köstlichen Dinner entspannen können.

Eine weitere Besonderheit Chicagos sind die Jahreszeiten. Wenn ich an die Jahreszeiten denke, kommen mir merkwürdige regnerische Wetterzustände durch das Jahr hindurch in den Sinn und kein wirklicher Winter. Zudem gibt es schwüle Sommer, der Rest ist so gut wie nicht vorhanden, er wird regelrecht übersprungen. In Chicago hingegen herrschen richtige Jahreszeiten, wie man sie gerne kennen möchte. Im Frühling kann man trotz Riesenmetropole durch die vielen angelegten Parks und Anlagen spazieren und den Frühling hautnah miterleben.

Man kann den Frühling riechen, sehen und man merkt, wie die Temperaturen immer angenehmer werden. Der Sommer kann durchaus sehr heiß werden, ist aber in Chicago nur halb so wild, schließlich sorgen der *Lake Michigan* und seine Strände für eine hervorragende Abkühlung und eine angenehme Abwechslung von dem Stadtleben. Auch finden viele aufregende Events statt, die Sie in Angriff nehmen sollten, falls Sie zu dieser Jahreszeit zu Besuch sind. Im Herbst verwandelt sich Chicago dank seiner vielfältigen Parks, wie der *Millenium Park*, der *Grant Park* oder der *Oak Park*, und angelegten Gärten in eine zauberhafte Großstadt.

Zu dieser Jahreszeit sind Besuche in den Museen oder auch eine Fahrradtour an den Strandpromenaden optimal. Auch im Winter wird die Metropole gern besucht, trotz der eiskalten Winde. Besonders empfehlenswert ist der *Christlmarket*, der von November bis Dezember geöffnet ist. Er gehört zu den beliebtesten Festivals der Bewohner Chicagos. Es lässt sich also sagen, dass, egal zu welcher Zeit Sie eine Reise nach Chicago planen, Sie keinesfalls enttäuscht werden und viele Aktivitäten finden können, die Ihren Aufenthalt in dieser unglaublichen Stadt einzigartig und niemals langweilig gestalten.

INSIDERTIPPS

Nun erwarten Sie die besten Reisetipps für die Metropole Chicago. Sie kennen jetzt die wichtigsten und begehrtesten Attraktionen der Stadt, doch genau hier werden Sie allgemeine Tipps erfahren, die sich in der Praxis als sehr hilfreich erwiesen haben. Außerdem erfahren Sie hier von Veranstaltungen, die nicht jeder Tourist kennt.

Der beste Tipp ist der Citypass. Er ist unheimlich wichtig und erspart Ihnen bis zu 50 % auf die Hauptattraktionen Chicagos. Von der ersten Nutzung an ist der Pass neun aufeinanderfolgende Tage gültig, Sie können es also entspannt angehen lassen. Den Citypass können Sie ganz bequem online kaufen, aber auch an jeder der beinhalteten Sehenswürdigkeiten. Ich empfehle Ihnen jedoch den Onlinekauf, denn da profitieren Sie nicht nur von einem unschlagbaren Preis, sondern können Ihre Reise schon im Voraus besser planen. Bei dem Kauf im Internet wird Ihnen ein Gutschein als PDF-Datei per E-Mail gesendet, welchen Sie an der Kasse der ersten Attraktion vorzeigen und dann gegen Ihr Ticketheft eintauschen können.

Also, welche Attraktionen werden mit dem Pass gedeckt? Der Citypass beinhaltet sieben Attraktionen, von denen Sie sich fünf auswählen können. Zur Auswahl stehen das *Shedd Aquarium*, das *Skydeck Chicago*, das *Field Museum*, das *Museum of Science and Industry* und das *360 Chicago*. Auch zwischen dem *Adler Planetarium* und dem *Art Institute of Chicago* müssen Sie eine Wahl treffen. Sie müssen sich also zwischen dem größten Wissenschaftsmuseum der Welt und der besten Aussicht auf Chicago entscheiden. Die Benutzung des Passes ist sehr einfach. Orientieren Sie sich immer an dem Citypass-Zeichen, dann sind Sie auf der richtigen Seite.

Zeigen Sie das Heft an der Kasse vor und fertig. Ganz wichtig: Reißen Sie die Seiten nicht selbst heraus, sonst werden die Tickets ungültig. Was kostet der Spaß Sie nun? Erwachsene bezahlen 94 Dollar und Kinder bis 11 Jahre 79 Dollar. Auch, wenn das jetzt nach viel Geld klingen mag, glauben Sie mir, Sie schonen damit Ihren Geldbeutel und verlieren auch keine Zeit an Warteschlangen.

In Chicago finden zahlreiche Festivals statt, die jeden Geschmack ansprechen. Eines davon ist das *Ravina Festival*, welches Mitte Mai startet und im September zu Ende ist. Es findet im *Highland Park*, einer schönen Wiesenfläche nur wenige Minuten nördlich von Chicago, statt. Hier können Sie abwechslungsreiche Künstler entdecken, die Genres von Symphony bis Rock spielen. Alljährlich zieht das Festival 600.000 Besucher an.

Für Musikliebhaber empfehle ich das *Chicago Blues Festival*. Es ist das größte freie Bluesfestival der Welt und das größte Musikevent der Stadt. Mehr als 70 Musiker treten am zweiten Juniwochenende auf sechs Bühnen auf. Das Festival und die 500.000 Besucher verdeutlichen an diesen Tagen, wie sehr die Stadt den Blues liebt und dass sie die Hauptstadt für den Blues sind. Auch für keine Blues-Fans oder für diejenigen, die es noch werden wollen, bietet das Festival eine tolle Gelegenheit, der Blues-Szene näher zu kommen und dies auch noch, ohne Eintritt zu bezahlen.

Ein weiterer Tipp von mir ist das Food-Festival im *Grant Park*. Das *Taste of Chicago* ist das größte Food-Festival der Welt und bietet Ihnen zahlreiche Restaurants und Food-Trucks mit unterschiedlichsten Spezialitäten an. Letztes Jahr kam man auf eine Besucherzahl von 1,4 Millionen Menschen. Jedes Jahr wird das Festival im Juli für fünf Tage ausgerichtet. Abgesehen von dem riesigen Angebot an Essen findet auch ein Musikprogramm und eine Kirmes statt. Somit wird das Festival ein Erlebnis für jedermann und ist ein absolutes Muss für jeden, der im Sommer in Chicago ist.

Vielversprechend mag für den ein oder anderen auch die *Air and Water Show* sein. Die alljährlich oberhalb der Ufer des Lake Michigans stattfindende Show zeigt verrückte Kunststücke von Piloten. Knapp über Ihren Köpfen vorbeifliegende Flugzeuge können Sie umsonst am Ufer der *Fullerton Avenue* bis hin zur *Oak Street* betrachten. Der beste Aussichtspunkt bietet der *North Avenue Beach*.

Viele der Festivals finden in den warmen Monaten statt, jedoch lässt das Angebot an Festivals im Winter nicht nach. Auch in den Wintermonaten

Januar und Februar finden im Rahmen der *Chicago Winter Delights* jedes Wochenende die unterschiedlichsten Aktivitäten statt. Es gibt so viel zu sehen und zu entdecken, dass Sie das kalte Wetter vergessen werden. Hauptthemen der Events sind Tanz, Theater, Jazz, Blues, Gospel, Oper, klassische Musik, kulinarische Kunst, internationale Kultur, Geschichte, Fashion und Handgemachtes. Es lässt sich leicht erkennen, dass für jeden etwas dabei ist und das Beste daran ist, dass die meisten Events keinen Eintritt verlangen.

Eines der spektakulärsten Festivals ist die *Thanksgiving Parade*. Die jährliche Parade führt ihren Weg von der *State Street* bis zur *Randolph Street*. Fast eine halbe Million Menschen stellen sich auf die Straße und bewundern die vorbeiziehende Parade mit ihren Performern und riesigen Ballons. Während viele sich den Spaß im Fernsehen anschauen, können Sie dabei sein und alles aus der Nähe betrachten. Vergessen Sie jedoch nicht, sich dementsprechend zu kleiden, denn im November ist es recht eisig in Chicago.

Besonders zur Weihnachtszeit finden Sie ein Stück Heimat in Chicago, nämlich auf dem

Christkindlmarket, der sich an das Original aus Nürnberg anlehnt. Das Festival gehört zu den größten Weihnachtsfestivals Chicagos und erinnert nur allzu sehr an Zuhause. Hier werden aus malerischen Holzhütten und Zelten heraus deutsche und andere europäische Produkte wie Christbaumschmuck, Holzspielzeug, Nussknacker und Glaswaren verkauft. Auch Glühwein und sonstige berühmte Naschereien werden auf der *Daley Plaza* von Mitte November bis Heilig Abend angeboten.

Für viele Touristen unbekannt ist das *Second City*. Es gehört zu den besten Unterhaltungsmöglichkeiten der Stadt. Es ist ein Comedy-Club in der *Pipers Alley*, der sehr beliebt ist in Chicago. Komiker wie James Belushi und Amy Poehler haben hier ihre ersten Auftritte gehabt. Wenn Sie ein wenig Abwechslung suchen und sich auf die Comedy-Szene Chicagos einlassen wollen, dann schauen Sie hier vorbei und machen Sie sich einen angenehm lustigen Abend in guter Atmosphäre. Hier werden Sie sicher unterhalten werden und Ihr Geld nicht verschwenden.

Um ein bisschen in den Alltag der Bewohner zu schnuppern, sollten Sie den von Mitte Mai bis Ende Oktober stattfindenden *Logan Square Farmers*

Market besuchen. Jeden Sonntag werden hier frische Früchte, wunderschöne Blumen und leckere Backwaren angeboten.

GEHEIMORTE

Warum sollte man sich in langen Warteschlangen anstellen, wenn man auch gut ohne diese und ohne zu bezahlen eine eindrucksvolle Perspektive auf die Stadt haben kann? Das *London House*, welches sich an der *Michigan Street* befindet, bietet einen Panoramablick auf die Stadt. Von der Terrasse aus hat man einen schönen Blick auf die Hochhäuser in Downtown und auf den *Chicago River*. Auf der anderen Seite der Kuppel kann man den Blick in Richtung *Michigan Street* genießen.

Myopic Bookstore ist der beste Buchladen für gebrauchte Bücher und auch ein echter Hingucker. Hier finden Sie in zahlreichen Regalen Bücher zu den unterschiedlichsten Themen. Der Laden gehört wirklich zu den kleinen versteckten Schätzen in der Großstadt. Buchliebhaber werden sich hier verlieben und könnten den ganzen Tag hier verbringen. Auch wenn dies verlockend klingen mag, sollten Sie nicht Ihre ganze Zeit hierfür verwenden, jedoch sollte ein kurzer Blick für eine Stunde schon dabei sein.

Ein weiterer Geheimort ist der *Chicago Game Room*, von dem nicht einmal viele Anwohner wissen. Der sich in dem *Chicago Athletic Association Hotel* befindende Platz lässt einen in die alten Zeiten blicken, in denen der Ort noch ein privater Herrenclub war. Er ist der beste Ort, um einen anstrengenden Reisetag ausklingen zu lassen. Hier gibt es ein gutes Angebot an Spielen wie Billard, Shuffle Board, Kicker und eine Boccia Bahn. Und das Unglaubliche an der Sache ist, dass der Eintritt kostenfrei ist. Mit wunderbarem Essen und einem kalten Getränk lässt sich der Abend hier angenehm verbringen.

Alles rund um das Thema Kosten

Die Finanzen sind ein wichtiges Thema. Fragen wie „Wie viel Geld soll ich einplanen?" oder „Wo kann oder sollte ich mein Geld wechseln?" sind natürlich Fragen, die einen schnell überfordern – aber keine Sorge, ich habe die Antworten für Sie! Eine Anlaufstelle für Ihren Geldwechsel ist das *World's Money Exchange*. Am wichtigsten ist, dass Sie im Besitz einer Kreditkarte sind, denn das erleichtert Ihren Aufenthalt um einiges. Eine gut zu wissende Information ist, dass Sie bei einer Reise bis zu 90 Tagen einen noch mindestens sechs Monate gültigen Reisepass besitzen müssen. Ein Haken hat die ganze Geschichte jedoch: Sie müssen eine ESTA-Genehmigung über das *Department of Homeland Security* beantragen. Das Dokument wird Sie um die 14 Dollar kosten. Wenn Sie dies frühzeitig getan haben, steht Ihrer Reise nichts mehr im Weg. In diesem Kapitel werden Sie über Hotels, Restaurants und über die Anreise informiert. Mit meinen zuletzt aufgezählten *Tipps für den kleinen Geldbeutel* sollten Sie bestens über die Reise und die anfallenden Kosten informiert sein.

AUFENTHALT

Hotels sind in Chicago leicht zu finden, jedoch auch nicht gerade preisgünstig. Menschen, die Ihren Geldbeutel nicht allzu sehr ausreizen wollen, können in Jugendherbergen unterkommen. Zwei nennenswerte sind zum einen das *Hostelling International Chicago* mit bester Lage im Zentrum. Dieses Hostel in der *East Congress Parkwey* lässt sich leicht vom Flughafen aus erreichen. Die Preise beginnen hier ab 27 Dollar. Das zweite Hostel ist das *Chicago*

International Hostel am Rand des *Rodger Parks*. Inklusive einer kompletten Küche, Bettwäsche und eines Gemeinschaftsraums mit Fernseher und Internet bietet diese Unterkunft mit ihren günstigen Preisen eine optimale Bleibe für Studenten und Menschen, die es nicht scheuen, in Gruppenzimmern zu übernachten.

Im mittleren Bereich der Preisspanne befindet sich das *Renaissance Blackstone Chicago Hotel*. Hier an der *Michigan Avenue*, gegenüber des *Grant Park*, sind Sie mitten im Geschehen. Ein angenehmes Ambiente und weiche Kissen warten hier auf Sie. Ein weiteres zu empfehlendes Hotel ist das *Holiday Inn Hotel and Suites Downtown Chicago*. Von dort aus sind Sie nur einen Schritt bis zu der *EL* entfernt und können somit die zahlreichen Attraktionen Chicagos leicht erreichen.

RESTAURANTS

Wenn man nur einen Grund braucht, um Chicago eine Chance zu geben, dann ist es definitiv das Essen. Die Essszene boomt in der *Windy City* wie noch nie. Hier sind vier tolle Restaurants für Sie, die Sie auf keinen Fall verpassen sollten.

Gino's East ist ein Kultrestaurant mit Hard-Rock-Café-Ambiente und langer Bar. Die Deep-Dish-Pizza gehört wohl zu den berühmtesten Gerichten aus Chicago und sollte hier bestellt werden, denn sie ist einfach köstlich. Ohne eine probiert zu haben, darf man Chicago nicht verlassen. Viele werden sich denken: Es ist doch nur Pizza, was soll daran so besonders sein? Diese Pizza ist kleiner und viel höher. Sie wird sozusagen falsch herum belegt: Auf den Teig kommt zuerst der Käse, dann die Beläge und dann erst die Tomatensauce. Kleiner Tipp: abends unbedingt reservieren.

Richtig amerikanisch essen kann man bei *Lou Mitchell's* an der Route 66. Ich denke bei amerikanischen Diners immer an ein Retro-Ambiente und vor allem an kostenlosen Kaffeenachschub wie im Fernsehen. Wenn Sie auf der Suche nach so etwas Authentischem sind, dann sind Sie hier genau richtig.

Aufgrund der ethnischen Vielfalt in Chicago kann man die verschiedensten Küchen kennenlernen. *Imperial Lamian* bietet moderne chinesische Küche und ist bekannt für seine täglich frisch hergestellten Nudeln, die einen einfach nur umhauen.

Diese Auswahl ist nur ein kleiner Teil der vielen tollen Restaurants in Chicago. Begeben Sie sich selbst in das Paradies dort und überzeugen Sie sich von der schmackhaften Vielfalt, die diese Stadt zu bieten hat.

ANREISE UND VERKEHR

Chicago besitzt zwei große Flughäfen, den älteren *Midway Airport* sowie den *O'Hare International Airport*. Der *Midway Airport* wird heute hauptsächlich nur noch für Inlandsverbindungen genutzt, während man als aus dem Ausland Anreisender auf dem *O'Hare International Airport* landet. Der Flughafen ist mit knapp 70 Millionen Passagieren pro Jahr einer der größten Flughäfen der Welt. Am Flughafen angekommen, können Sie direkt in den öffentlichen Nahverkehr umsteigen. Die Innenstadt ist mit der U-Bahn, dem Bus und auch mit der Hochbahn zu erreichen. Die jeweiligen Tickets können Sie an den Fahrkartenautomaten und Schaltern besorgen. Eine weitere Möglichkeit ist es, ein Taxi zu benutzen. In Chicago bieten die Taxis *Shared Rides* an, die mehrere Wartende zu einem Festpreis in die Innenstadt bringen. Wenn die Fahrgäste nahezu zum gleichen Ziel fahren, sollte alles problemlos verlaufen. Die Fahrt dauert in der Regel um die 30 Minuten, ist jedoch schwer einzuschätzen, da sich die Verkehrslage um den Flughafen herum ständig ändert. Falls Sie bei der Hotelsuche darauf achten, dass ein Transfer angeboten wird, dann sind Sie auf der sicheren Seite und gelangen sicher an Ihre Unterkunft.

Falls Sie innerhalb der USA reisen, sollten Sie sich nicht sorgen, denn Chicago ist trotz der abgelegenen Lage sehr gut zu erreichen. Wer mit einem Auto unterwegs ist, kann über die *Interstate* 55, 57, 90 und 94 direkt nach Chicago fahren. Aber auch Zugreisende werden kein Problem haben, da aus allen Teilen des Landes Eisenbahnschienen in die Stadt führen. Chicago gilt nicht umsonst als der größte Knotenpunkt für Eisenbahnen weltweit! Außerdem fahren mehrere amerikanische Busunternehmen, wie zum Beispiel *Greyhound*, regelmäßig aus dem ganzen Land nach Chicago.

In Chicago angekommen, fragt man sich, wie man am besten von Ort zu Ort kommt. Da der öffentliche Nahverkehr der Stadt ein sehr gutes und dichtes Netz aufweist und auch nachts in Betrieb ist, können Sie unbesorgt sein. Wer ohne Auto in Chicago verkehrt, und das empfehle ich in der Innenstadt dringend, dann können Sie zwischen *EL* oder auch *L*, kurz für *Elevated Train* (dt. Hochbahn), die zahlreichen Busse oder auch die Expressbusse wählen. Warum empfehle ich, im Zentrum ohne Auto zu reisen? Das hat zwei Gründe: Der erste Grund ist der starke Verkehr auf den Straßen. Der zweite ist, dass ein Parkplatz bis zu 40 Dollar kosten kann und das ist nicht sehr preisgünstig. Daher lege ich Ihnen ans Herz, das Auto nur zu nutzen, wenn Sie das Umland erkunden wollen, obgleich dieses sich auch gut mit den Metra-Zügen erreichen lässt.

Eine gute Investition ist der Tagespass für den öffentlichen Nahverkehr. Dieser kostet für einen Tag um die 10 Dollar und ist bis zu sieben Tage für 28 Dollar erhältlich. Mit ihm lassen sich die Busse und der *EL* unbegrenzt nutzen. Gekauft werden können die Tagespässe nicht an allen Stationen, jedoch an den meisten *EL*-Stationen und auch in *Walgreens* Märkten. Leider können die Tagespässe nicht für die *Metra* genutzt werden, da in den Vororten Chicagos ein anderes Tarifsystem genutzt wird.

TIPPS FÜR DEN KLEINEN GELDBEUTEL

Wer kennt es nicht: Eine Reise kann schnell tief in das Portemonnaie greifen. Doch mit ein paar Tipps und Tricks lassen sich Ihre Ausgaben im Nu verringern. Im Allgemeinen sollte man sich ein tägliches Geldlimit setzen, exklusive Unterkunft. Um die 100 Dollar sollte man pro Person einberechnen.

Der erste wichtige Tipp ist natürlich der Citypass. Er spart einfach eine Menge Geld. Auf keinem anderen Weg werden Sie die Kosten für die Hauptattraktionen wie Museen und Aussichtsorte mindern. Um weiterhin bei Attraktionen zu sparen, planen Sie genau, welche Orte Sie unbedingt besuchen wollen und wählen Sie zwischen den Museen und dem Aussichtsturm. Chicago bietet viel, aber auch, wer nicht alle Sehenswürdigkeiten abklappert, wird eine Menge sehen und erstaunliche Erinnerungen sammeln.

Ein weiterer wichtiger Aspekt, bei dem man eine Menge Geld sparen kann, ist die Unterkunft. Hostels bieten eine gute Möglichkeit, Geld zu sparen. Wer sich aber nicht mit Gruppenzimmern und -bädern anfreunden kann, der sollte Hotels auf vielen verschiedenen Portalen vergleichen, um somit das preiswerteste Zimmer zu bekommen. Auch wenn das nach viel Arbeit klingt, scheuen Sie nicht zurück und benutzen Sie das breite Angebot. Ihr Geldbeutel wird Ihnen später danken.

Reisen Sie langsam, das verhilft einerseits dazu, nicht von einer Attraktion zur anderen zu hetzen und damit mehr Geld auszugeben, sondern macht die ganze Reise auch stressfreier. Probieren Sie es aus!

Auch die richtige Planung beim Essengehen ist ein wesentlicher Teil für die Reduzierung der Kosten. Gehen Sie nicht jeden Tag in den schönsten und renommiertesten Restaurants essen. Halten Sie sich an die lokalen Einwohner, stärken Sie sich in lokalen Diners und erleben Sie somit Chicagos Küche auf authentische Weise.

Kommen wir nun zu dem wichtigsten, aber auch geldintensivsten Thema: der Flug. Ich rate Ihnen von Reisebüros ab und empfehle, im Internet eine ordentliche Recherche durchzuführen. Es nimmt viel Zeit in Anspruch und kann auf Dauer frustrierend sein, aber es ist die Mühe wert. Wer den Geldbeutel um einiges schonen will, kann gut auf minimal besseres Essen verzichten und somit das Geld für wichtigere Dinge sparen. Auch sollten Sie die Jahreszeit miteinbeziehen, denn zu bestimmten Stoßzeiten werden die Flüge für mehr angeboten.

Lohnt sich die Reise?

Eine Reise nach Chicago lohnt sich nicht nur für den Weltstadtbummler, sondern auch für diejenigen unter uns, die den Strand und das Wasser lieben. Bevor man die Stadt mit eigenen Augen gesehen hat, schwelgt man immer noch in der Annahme, dass Chicago im Schatten New Yorks steht. Den Medien zufolge trifft das auch zu. Doch für viele ist Chicago das, was New York gerne wäre, aber nie sein wird. Viele kommen ohne große Erwartungen in die Stadt. Doch einst den Schritt in die ach so unbedeutende Stadt gemacht, verliebt man sich in sie. Für viele ist die erste Reise in die Stadt eine große Überraschung gewesen. Keiner hat mit solch einer enormen Vielfalt an Attraktionen und mit einer derart tollen Atmosphäre gerechnet, wie sie hier vorzufinden ist. Die Einwohner werden als die freundlichsten Menschen der Welt bezeichnet. Sie sind nicht nur gegenüber Touristen hilfsbereit, sondern heben im Allgemeinen die Stimmung jedermanns, der die Stadt besucht. Eine Reise nach Chicago ist wie eine Reise in die Geschichte und doch auch gleichzeitig ein Schritt in die Zukunft. Die Stadt entwickelt sich rasant und gilt als ein wichtiger Knotenpunkt der amerikanischen Geschichte sowie der Architektur- und Kulturgeschichte. Das Vorurteil, dass die Bevölkerung dort keinen Wert auf Kultur legt, ist ein großer Irrtum. Wie nirgendwo anders auf der Welt gibt es hier eine Fülle an wichtigen Kulturgütern wie Kunst, Geschichte, Architektur, Musik und Essen. Wie schon damals ist Chicago ein Sammelbecken vieler unterschiedlicher Menschen und dies zeichnet die Stadt aus und macht sie erst einmalig.

Packliste

Geld & Finanzen

O (evtl.) Auslandswährung
O Bargeld
O Bauchtasche
O Brustbeutel
O Bauchtasche
O EC-Karte
O Kreditkarte
O Notfall-Telefonnummern der Banken
O Portmonee

Hygiene

O Haarbürste / Kamm
O Deo (klein)
O Shampoo
O Kulturtasche
O Sonnencreme
O Taschentücher

O Reise-Zahnbürste und Zahnpasta
O Verhütungsmittel

Kleidung

O Badeklamotten
O Gürtel
O Hosen kurz / lang
O Mütze / Cap / Hut
O Pullover
O Regenjacke
O Schlafanzug
O Socken
O Sonnenbrille
O Sportklamotten / Jogginghose
O T-Shirts
O Unterwäsche

Medikamente

O Blasenpflaster
O Anti-Durchfalltabletten
O Erste-Hilfe-Set

O Fiebertabletten

O Fiebertabletten

O Mückenschutz

O sonstige Medikamente

O Pflaster

O Kopfschmerztabletten

Unterlagen & Papiere

O ADAC Unterlagen

O Adresslisten für Postkarten

O Krankversicherungsnachweis

O Stadtplan

O Führerschein

O Unterlagen für die Unterkunft

O Wasserdichte Hülle für Reiseunterlagen

O Impfausweis

O Mietwagenunterlagen

O Personalausweis

O Reisepass

O Reisetagebuch

O evtl. Studentenausweis

O evtl. Visum
O Zug- / Bahn- / Flugticket

Taschen & Rucksäcke

O Koffer / Trolley / Reisetasche
O Regenhülle für Rucksack
O Rucksack

Schuhe

O Badeschlappen / Hausschuhe
O Schuhe und Wechselschuhe

Sonstiges

O Brille / Kontaktlinsen und Etui
O Buch zum Lesen
O Ohrenstöpsel und Schlafmaske
O Regenschirm
O Reisedecke
O Wasserflasche
O Wörterbuch

Elektronik

O Digitalkamera
O Handy
O Ladekabel
O Kopfhörer
O evtl. Steckdosenadapter
O Power-Bank

Herstellung und Verlag:

BoD – Books on Demand, Norderstedt

ISBN: 9783750492707

1. Auflage

Kontakt: Psiana eCom UG/ Berumer Str. 44/ 26844 Jemgum

Covergestaltung: Fenna Larsson

Coverfoto: depositphotos.com